Cómo cambiar de hábitos

Miguel Florido

Primera edición: Enero de 2014

Índice

Introducción

Mi idea, al crear este libro, era crear una herramienta que sea usada de soporte para cualquier persona que necesite cambiar un hábito, y en consecuencia, ayudar a mejorar la calidad de vida de las personas.

Algunas personas sabrán que quieren cambiar uno o varios hábitos, otras no lo sabrán, pero paraa todas ellas este libro les será útil. En este libro no explico únicamente cómo cambiar de hábitos, sino que también explico cómo detectar aquellos hábitos nocivos que, ni sabías que tenías.

El libro está basado en las observaciones, reflexiones, lectura de estudios y métodos que he aprendido y utilizado para cambiar algunos de los hábitos que más problemas me estaban ocasionando.

Además, no explico únicamente como evitar usar un mal hábito, sino que explico cómo conseguir nuevos hábitos que me ayuden a avanzar más rápido y me permitan facilitarme la vida.

Durante mucho tiempo, veía como acciones en ciertas situaciones y actitudes ante algunas personas, estaban causando reacciones que no entendía o que no me gustaban. También me veía muchas veces en situaciones en las que por más que me esforzara, no conseguía apenas avanzar.

¿Has sentido alguna de esas sensaciones alguna vez? Si es así, te animo a seguir leyendo, porque eso se puede cambiar.

Llegó un día que observé que muchas de esas dificultades venían de una serie de hábitos que había adquirido de pequeño, y me estaban afectando negativamente sin darme cuenta. No me permitían avanzar hacia dónde quería, o simplemente avanzar requería demasiado esfuerzo.

Es por ese motivo que empecé a observar, leer y reflexionar sobre el tema, con eso conseguí la información suficiente como para avanzar, información que me explicaba: Qué es un hábito, cuáles son beneficiosos y cuáles no, y aprender a cambiar los hábitos que no son beneficiosos por otros que me aportan valor.

Este conocimiento es el que intentaré transmitir mediante este libro, yo lo suelo aplicar en mi vida diaria y me da buenos resultados, comparando con los resultados anteriores. Es por eso, que considero que podría ser útil a otras personas.

No son únicamente un conjunto de técnicas y estrategias aplicables al plano personal, sino que también son aplicables a otros ámbitos, como el profesional, en las relaciones formales con otras personas, ocio, deporte, etc.

¿Estás dispuesto a aprender una nueva forma de avanzar y crecer? Si es así, los siguientes capítulos te pueden interesar. Espero que disfrutes de la lectura, y que te sea de gran utilidad.

¿Qué es un hábito?

Antes de leer cuál es la visión de hábito que quiero dar en este libro, recomiendo hacer el siguiente ejercicio. Consiste en explicar a alguien o escribir en un papel, cuál es tu visión de un hábito.

Una vez hayas explicado tu visión sobre qué son los hábitos, te invito a que la compares con las dos definiciones de diccionario que te mostramos a continuación, y que son las más próximas al concepto de hábito que quiero dar con este libro:

> *1. Costumbre o práctica adquirida por frecuencia de repetición de un acto.*
>
> *2. Destreza que se adquiere por el ejercicio repetido.*

¿Se parece a lo que habías pensado? ¿O son muy diferentes? Tengo que decir que ninguna de las dos se ajusta totalmente a la visión de hábito que quiero dar en este libro, pues vamos a ir un paso más allá.

Aunque no se ajusta totalmente, es suficiente como para mostrar cuál es la idea de hábito que quiero transmitir. Se habla de destreza y de costumbres; una destreza es una habilidad que sale de forma natural, y una costumbre son acciones que realizamos sin pensar, es decir son acciones automáticas.

Así que tenemos esos dos conceptos que van en la línea de automatizar acciones. Al unirlos sale la definición extendida que quiero dar sobre los hábitos:

*Mecanismo natural que permite **automatizar tareas y procesos** que se **repiten de forma regular en el tiempo.***

Esta nueva definición es importante porque plantea un cambio de enfoque en el uso de los hábitos. Esa nueva visión consiste en usar los hábitos como una herramienta que nos permite automatizar procesos y tareas.

Costumbre o práctica adquirida por frecuencia de repetición de un acto

Destreza que se adquiere por el ejercicio repetido

Mecanismo natural que permite automatizar tareas y procesos que se repiten de forma regular en el tiempo

¿Qué se te viene a la mente al pensar en un hábito como una herramienta?, que podrías usar los hábitos cuando los necesites, ¿verdad? Como ves, al plantear el concepto de hábito como una herramienta, nos abre la posibilidad de poder utilizarlos a nuestro favor.

Sin embargo, al ser un mecanismo que realiza acciones de forma natural y automática, es posible que también juegue en nuestra contra, porque podemos tener un mal hábito adquirido, que nos está perjudicando y que no seamos conscientes de ello. Eso lo vamos a extender en el siguiente capítulo.

¿Pero cómo se adquieren los hábitos?

Otra particularidad de los hábitos son la forma en cómo se adquieren. Se pueden adquirir de forma consciente o de forma subconsciente.

Pero tanto de una forma como de la otra, siempre sigue el mismo patrón, y es en base a repetir de forma regular una acción, como por ejemplo montar en bicicleta, conducir, leer, andar, empatizar, etc.

En los ejemplos que he puesto anteriormente, hay algunos hábitos que adquirimos sin ser conscientes, y otros de forma consciente o mediante una formación explícita para adquirirlos.

En los siguientes capítulos explicaré técnicas para adquirir y sustituir hábitos de forma más efectiva, que la simple rutina de repetir de forma continua las acciones.

Definición de hábito en profundidad

Me ha parecido interesante dedicar un apartado de este capítulo a analizar con más profundidad el significado que hemos dado al hábito.

> *Mecanismo natural que permite automatizar tareas y procesos que se repiten de forma regular en el tiempo.*

Como puedes ver, cada parte de la definición en negrita no está resaltada al azar, y para tener una comprensión más completa del concepto de hábito que quería transmitir, me parecía interesante comentar cada punto, porque tiene más implicaciones de las que inicialmente parece.

Mecanismo natural

Centrándonos en la definición de hábito, lo que quiero resaltar haciendo referencia a un mecanismo natural, es la idea de que un hábito es una herramienta más que tiene nuestro cerebro y que está a nuestra disposición.

Entiendo por herramientas la memoria, la intuición, el pensamiento lógico, etc. Son mecanismos que tenemos en nuestro proceso y nos son útiles en diferentes situaciones.

Es por eso que en la definición quería enfatizar que se trata de un mecanismo natural, porque es una herramienta por defecto en nuestro cerebro.

Automatizar tareas y procesos

En este punto intento resumir una de las dos características principales que he observado en los hábitos.

La característica es la capacidad de realizar rutinas, ya sean en forma de tareas o de procesos, de forma automáticas.

Es decir, dado un contexto o una situación, la acción que realizamos como reacción a esa situación o contexto.

Lo más interesante de esa reacción, es que estamos realizando una acción, sin tener que realizar ningún esfuerzo, ni siquiera tenemos que pensar en realizarla, en definitiva, el carácter automático de nuestra reacción.

Se repiten de forma regular en el tiempo

Los hábitos son un tipo de rutina que nos ayudan a realizar unas acciones que tenemos tan interiorizadas que no apenas realizamos esfuerzo en pensar en realizarlas.

Son tareas que se van repitiendo de vez en cuando, en intervalos de tiempo.

Estos intervalos de tiempo no tienen porque ser constantes, es decir, que tienen por qué repetirse de forma regular y constante cada tantos días.

Ni tampoco tienen por qué ser intervalos de tiempo cortos o más extensos.

Ejercicios para finalizar el capítulo

Un buen ejercicio que recomiendo para cerrar este capítulo consiste en hacer dos listas de cinco hábitos cada una, la primera que contenga hábitos que consideres que has aprendido de forma consciente y la otra lista que contenga hábitos que consideres que has adquirido sin ser consciente.

Una vez hechas, para cada uno de esos hábitos, trata de reflexionar sobre cómo sería tu vida, si tuvieras que pensar en cómo realizar esas tareas de forma consciente (por ejemplo para leer, imagina que tuvieras que identificar el significado de cada palabra, enlazarlas, y buscar cuál es el mensaje en conjunto en base al significado de cada palabra), ¿tedioso verdad?

Hábitos buenos y hábitos malos

En este capítulo vamos a ver cuáles son las diferencias entre un buen hábito y un mal hábito, y también veremos por qué adquirimos malos hábitos.

Lo normal sería preguntarse en estos momentos lo siguiente: ¿Realmente necesito leer este capítulo?, ya sé que es un buen y un mal hábito. Tienes toda la razón, ya sabes lo que son, sin embargo, creo que es bueno tener una visión formal, porque ayudará a entender mejor el resto de capítulos.

La diferencia entre un buen hábito y un mal hábito está esencialmente en lo que te aporta uno y otro, obvio, ¿verdad? Lo importante aquí, y es lo que me gustaría enfatizar, es que la clave está en lo que determina si es bueno y malo es lo que te está aportando.

El buen hábito es aquél que te está facilitando las cosas, te aporta valor, como por ejemplo tener el hábito de subir los pisos a pie en vez de usar el ascensor. Es bueno, porque te permite hacer ejercicio de forma regular y natural, sin tener que gastar energías en forzarte a hacerlo.

Por otra parte, un mal hábito es aquél que te hace más difícil avanzar, es decir, que te resta valor. Por ejemplo, imagina que tienes el mal hábito de no lavarte los dientes, pues este valor perjudica la salud a tus dientes, y por tanto te resta valor.

En definitiva, el concepto de restar valor o de sumar valor, es la clave para distinguir cuál es un buen hábito y cuál es un mal hábito. Y de forma más simplista, podríamos decir que un buen hábito es aquel que te facilita las cosas, y un mal hábito es aquél que te las dificulta.

Una pregunta interesante a hacerse en estos momentos es, ¿por qué tengo malos hábitos si me complican la vida? Esa pregunta tiene la siguiente respuesta: No controlamos la mayoría de hábitos que adquirimos, y en especial aquellos que adquirimos cuando somos pequeños.

Como se comentó en el capítulo anterior, los hábitos se adquieren por la repetición periódica de las acciones, que se acaban ejecutando de forma natural. Eso significa que podemos estar realizando acciones que nos restan valor, sin ser consciente de ello.

Una consecuencia de esto es que se pueden adquirir hábitos siendo consciente de ello, por ejemplo aprender a ir en bicicleta. O bien se pueden adquirir sin darnos cuenta, son el resultado de realizar tareas por comodidad, por influencia social, por miedos, etc.

Con lo dicho anteriormente, y para cerrar el capítulo, parece un buen momento para hacer una breve reflexión para tomar consciencia de la cantidad de hábitos que has podido adquirir sin darte cuenta, ¿cierto? De alguna manera, los hábitos moldean la personalidad de las personas, y también la vida que llevan, de ahí gran parte de su importancia.

Aprendiendo a encontrar malos hábitos

¿Te has parado alguna vez a reflexionar sobre ti? ¿Has analizado tus acciones alguna vez? ¿Te incomoda pensar sobre ti?, y la más importante de todas las preguntas, ¿Te están molestando estas preguntas?, si es así, es el momento de cambiar el chip, para encontrar tus malos hábitos vas a tener que estar predispuesto a descubrir cosas que no te gusten de ti.

En este capítulo voy a explicar una serie de técnicas que te van a permitir descubrir hábitos nocivos, ya sean hábitos que sabías que tenías pero nunca has cambiado, como aquellos que nunca supiste que tenías y que te están afectando negativamente.

Algunas técnicas se basan en el aprendizaje a partir de lo que ha aprendido otra persona, y otras por deducción propia. Ya avisamos que las más sencillas son en las que te basas en el aprendizaje de otra persona, te mostramos un gráfico que lo deja bastante visible:

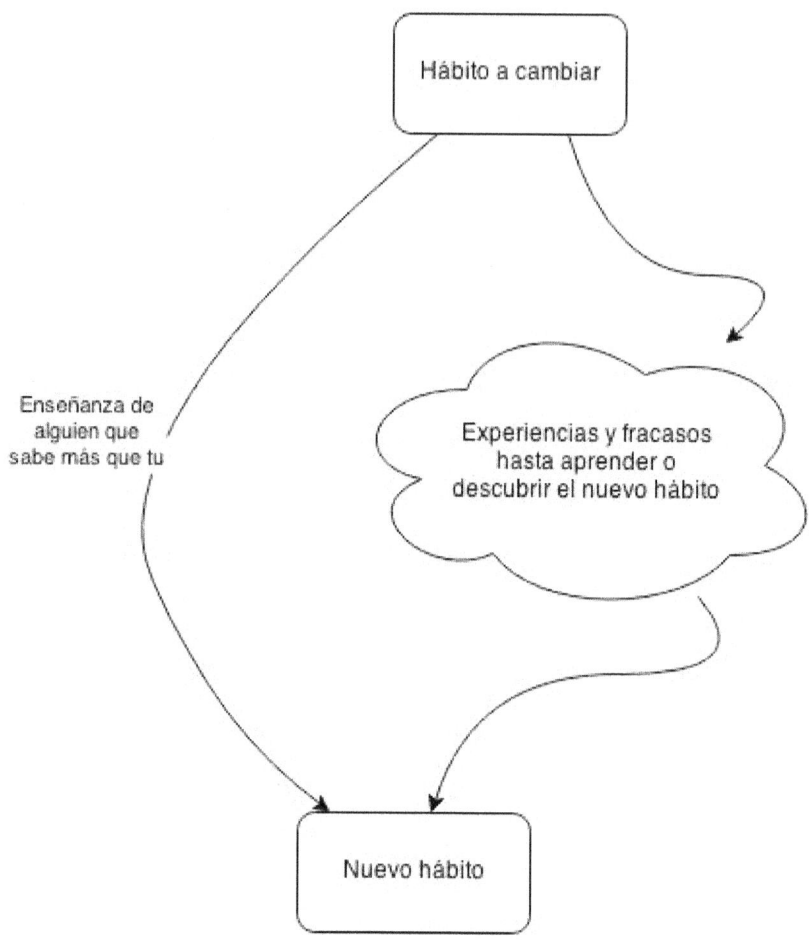

Hábito a cambiar

Enseñanza de alguien que sabe más que tu

Experiencias y fracasos hasta aprender o descubrir el nuevo hábito

Nuevo hábito

Hábitos identificados como perjudiciales

Esta técnica es la más sencilla de todas para identificar hábitos malos. Simplemente se trata de ver qué hábitos han sido reconocidos por los expertos, como hábitos negativos.

En este grupo entrarían hábitos como el fumar, el dormir poco, o el no hacer ejercicio. Como ves hay muchos, y se trata de seguir las recomendaciones que se nos hacen, ya sea el propio médico, el ministerio de sanidad mediante anuncios o bien los medios de comunicación (aunque ahí recomiendo contrastar la información).

Una buena práctica es buscar por qué ese hábito es perjudicial y cuán perjudicial es, qué organismos lo han marcado como perjudicial y cuál es la reputación de esos organismos. Pero esto es un extra, que seguramente no te hará falta en la mayoría de los casos.

Aprender de los que obtienen buenos resultados

Esta es posiblemente la mejor forma de descubrir malos hábitos, ¿Por qué?, porque es más fácil aprender por imitación que por deducción.

Imagina que no eres capaz de ahorrar, crees que haces las compras bien y que ya no puedes ahorrar por ningún lado, llamas poco, compras lo justo, vas en transporte público, etc. Imagina que tienes un conocido, que tiene un salario similar al tuyo, pero sin embargo, ves que de tanto en tanto puede permitirse un capricho, o simplemente sabes que puede ahorrar.

¿Ante ese ejemplo qué piensas?, aquí hay gato encerrado, eso no puede ser, seguro que gana dinero por algún lado... ¿y si te asegurase que no hay trampas?, cuesta de creer, ¿verdad?. Es es normal, porque **nuestro cerebro se niega a aceptar que haya alguien mejor que tu haciendo una tarea que haces cada día y que crees hacerla bien.** Pero es es totalmente falso, hay gente que sabe hacer tareas que haces cada día mucho mejor que tu, aunque cueste de creer.

¿Cómo sé que no hay gato encerrado? Mi forma de averiguarlo es mediante la observación, si esa persona tiene facilidad para ahorrar en diferentes contextos, con la misma riqueza que tú, o si no acaba endeudado hasta las cejas... probablemente sepa ahorrar mejor que tu, por lo tanto es un buen modelo a seguir.

¿Cómo sigo ahora? Hay varias opciones, para mi, antes de empezar, es establecer algún tipo de amistad o relación de confianza con esa persona, para que después, le puedes comentar que te parece muy interesante la manera en cómo es capaz de ahorrar, y que te gustaría aprender de él. Esto implica que:

- Te explica qué estrategias usadas: Por ejemplo, igual usa herramientas de comparación de precio de internet, o compra marcas blancas, o administra mejor los recursos que compra.
- Te explica su rutina: Por ejemplo, antes de comprar mira qué productos necesita y cuáles cree que va a gastar, no tira nunca los folletos de ofertas y suele comprar en ofertas, etc.
- Te recomienda bibliografías: Es posible que esa persona haya leído algún libro sobre ahorro en el hogar que le haya sido útil, y por tanto te puede ser útil a ti también.

Una vez te ha explicado su "secreto del éxito", puedes comparar con tus hábitos y ver cuáles son las diferencias, esos hábitos diferentes son potencialmente malos hábitos.

La forma de descubrir si son malos hábitos es ir uno a uno y forzarte a no realizarlos durante unos días a ver si mejoran tus resultados, si mejoran son malos hábitos.

Siguiendo con el ejemplo anterior, imagina que tu persona modelo no te comenta que tira comida caducada, pero tu si que tiras mucha comida caducada.

Eso da que pensar, si comprara la comida que necesito y no más de la que necesito, seguramente gastaría menos dinero, o sea, que ¡ya estaría ahorrando! Entonces, pruebo durante unos días comprar la comida que necesito y al comprobar que gasto menos, ya he detectado un mal hábito, comprar más comida de la que necesito.

Ahora vendría la típica excusa; "ya pero es que se me olvidará eso". Muy bien, para eso está este libro, para que te salga sin pensar. Pero eso lo veremos en los siguientes capítulos.

Malos resultados causados por malos hábitos

Esta es quizás, la técnica, que más fácilmente permite descubrir malos hábitos, porque normalmente cuando se consiguen malos resultados repetidas veces sobre un ámbito significa que detrás hay un mal hábito.

Esta es una técnica que se focaliza mucho en una temática, como por ejemplo un tipo de trabajo, un deporte, etc. No es una técnica sencilla, y requiere de paciencia, dedicación y de mucha sensibilidad.

El proceso que sigo yo para llevarla a término es el siguiente:

1. Observo en qué tareas estoy obteniendo malos resultados.

2. Busco relación entre estos malos resultados, qué cosas tienen en común esos malos resultados, que puedan estar causados por un mal hábito.

3. Cuando encuentro una posible causa, un posible mal hábito, busco la manera de mejorarlo (eso lo explicaremos en los siguientes capítulos)

4. Si no funciona, vuelvo al punto dos.

Parece sencillo, ¿verdad?, cuando empiezas a utilizar esta técnica te das cuenta que no lo es tanto. Requiere de mucha práctica para obtener buenos resultados, aunque se obtienen grandes resultados.

Escuchar el feedback de la gente

Esta técnica puede ser muy útil o muy perjudicial. Depende de dos cosas, en primer lugar es saber si la persona que te da feedback sabe más del tema del consejo que tu, y la segunda es si esa persona tiene interés en que mejores.

Si una persona no domina el tema del cuál te está corrigiendo o aconsejando, puede darte información errónea y esa información puede provocar que adquieras malos hábitos. De ahí a que, si la persona sabe más que tú de ese tema, es probable que el consejo sea de calidad.

Otro punto importante es si la persona es de confianza, o si tiene interés en que mejores. Por ejemplo si estás en un equipo en el que todos vais a una, o si es un amigo que se preocupa por ti, hará el esfuerzo por darte información que te sea más útil.

Aún y así, no siempre te puedes fiar de lo que te digan, ahora te acabo de romper los esquemas ¿verdad? Bien, esto no contradice con lo anterior, lo que pretendo decir con esto, es que ante cualquier feedback, es bueno analizarlo, ver qué información no se ajusta a tu realidad y cuál sí, porque esas personas no te conocen totalmente, y podrían estar equivocados.

Para hacer ese contraste, lo ideal es aplicar el feedback que te han dado, ya sea por partes si son varios consejos o todo de golpe, y comparar si después de aplicarlo varias veces te da mejores o peores resultados que antes. Si son peores, está claro que ese feedback no te sirve, si son mejores, es un buen consejo que te puede ayudar a crearte un buen hábito.

¿Pero cómo descubro mis malos hábitos con esta estrategia? Esto es sencillo, hay dos opciones o dos formas para descubrir qué hábitos son malos tras recibir un feedback.

La primera es que el consejo que te han dado te está avisando de un mal hábito, por ejemplo algo que no haces bien, que molesta a otras personas o que no funciona. Te están diciendo que esa forma de hacer no es buena, por tanto es un hábito malo.

La otra forma es cuando el consejo está enfocado a mostrarte una manera diferente de hacer las cosas, y por tanto la antigua forma de hacerlo, el hábito anterior, es peor al nuevo.

Mirándome al espejo

Esta es la técnica más exótica o la más diferente que vamos a dar. Consiste en observarte a ti mismo después de actuar, ya sea tras una grabación de vídeo, audio o simplemente mirándote al espejo.

¿Cierto que sientes un poco de rechazo hacia esta técnica? Es normal tener cierto miedo o rechazo por cómo nos podamos ver, pero eso es bueno, significa que podemos encontrar aspectos a mejorar.

Lo que buscamos aquí malos hábitos de comunicación ya sea verbal o no verbal, muy difíciles de detectar con las técnicas anteriores.

Son difíciles de detectar porque la mayoría de gente no te discutirá tu forma de comunicar porque considera que forma parte de tu carácter, tampoco podrás encontrarla al compararte con otras personas, porque no eres consciente de cómo actúas de cara a los demás, por tanto no podrás comparar.

El procedimiento es muy sencillo, se trata de actuar con naturalidad, ya sea en una escena cotidiana, una conversación, etc. Y después ver la grabación para ver qué aspectos de tu comunicación, comportamiento o gesticulación no te gustan, o te resultan molestos si te los hiciese a ti una persona con la que estás interactuando.

Son esos aspectos que has encontrado, los malos hábitos tan difíciles de detectar por su sutileza.

Primer paso, forzando el cambio de hábito

En los capítulos anteriores hemos puesto en escena qué es un hábito, identificar un hábito bueno y distinguirlo de uno malo, y cómo detectar malos hábitos.

Además, en los siguientes capítulos, veremos como usar estas herramientas para modificar y afianzar el cambio de un hábito de forma efectiva. Es por eso que avisamos de antemano que haremos mucho hincapié en los capítulos anteriores, pues los usaremos de base para aplicar los pasos del cambio de hábito.

Lo primero de todo será usar un ejemplo sencillo en el que nos basaremos para aplicar los diferentes pasos de cambio de hábito. Vamos a suponer que tenemos un mal hábito que trata de no aceptar las críticas.

De formar opcional, te voy a recomendar hacer el siguiente ejercicio

Usando las herramientas de los capítulos anteriores, encuentra un mal hábito que afecte a la gente de tu alrededor. Que sea un hábito en el que puedas exponerte fácilmente y de forma controlada a situaciones en las que aparece.

La intención que tenemos con ese ejercicio es usar un hábito similar al que usaremos de ejemplo, para que puedas ir aplicando los pasos que aplicaremos sobre el nuestro. La idea es que compares los resultados que obtienes con los que comentamos en nuestro ejemplo.

El objetivo es que experimentes un cambio de hábito paso a paso y con un ejemplo similar al que se usa en el libro para que te sea más sencillo realizarlo. De esta forma conseguiremos que hagas tuyos los conceptos y las estrategias que trataremos.

El primer paso se basa en forzar el cambio, es decir, usar las herramientas de los capítulos anteriores, para que podamos anticiparnos al hábito y así poder usar el nuevo hábito o simplemente evitar usarlo. Este proceso se explicará en la última sección de este capítulo, que explica cómo usar de forma conjunta todos los pasos que explicamos.

¿Cómo lo haremos? Usaremos una estrategia bastante sencilla que se basa, de forma simplificada, en entender el mal hábito y en anticiparse a éste, para evitar usarlo o usar un hábito bueno substituto. En las siguientes secciones de este capítulo detallamos los pasos.

¿Esto es importante? Seguramente te estés haciendo esa pregunta nada más leer el título. La respuesta a esa pregunta es sí, este es quizás el punto más importante de todo el proceso del cambio de hábito.

¿Por qué es tan importante? Porque nos vamos a basar en cuán negativo es para nosotros ese mal hábito, para usarlo de soporte para forzar el cambio de hábito y no caer en el intento. Ahí hay un componente psicológico importante que se explicará más adelante.

En el capítulo anterior vimos cómo detectar un mal hábito y cómo identificarlo. Pues bien, ahora vamos a explicar cómo analizarlo, para que nos sirva de soporte esa información.

En primer lugar te dejo un gráfico que refleja las posibles causas por las que se ha adquirido un hábito.

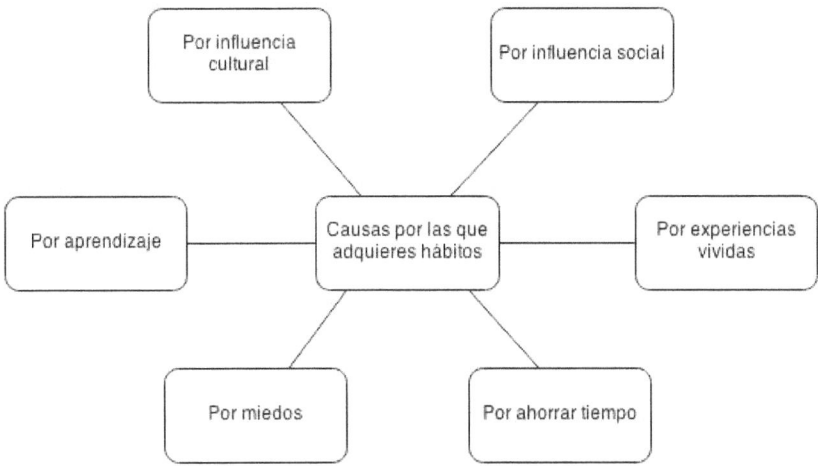

Todo esto queda muy formal y complejo, ¿verdad? No temas, que este análisis es muy sencillo. Consiste, básicamente en hacer una reflexión recordando situaciones pasadas, en las que el mal hábito había aparecido.

Una vez has conseguido unos cuantos recuerdos o situaciones en los que aparece, se trata de usar esos recuerdos para entender qué era lo que te estaba aportando negativamente. Es decir, cuáles eran las consecuencias negativas del mal hábito. También puedes ir un paso más allá y encontrar las causas de ese mal hábito, ese paso es opcional, pero es más efectivo que usar las consecuencias como soporte.

Dicho eso, vamos a usar el ejemplo del mal hábito de no aceptar críticas. En ese caso veríamos como hay varias situaciones en las que me he sentido atacado o simplemente no he aceptado ideas de otras personas, rechazadas sin haber razonado con lógica sobre lo que me decían, sino que me dejé llevar por el impulso.

Además, el problema no acaba ahí, sino que alejo a la gente que me intenta ayudar porque ignoro las aportaciones que me hacen. Lo ves, ¿verdad? Este mal hábito me impide avanzar en las materias en las que la gente me intenta ayudar, pero también me resta valor socialmente porque aparto a las personas que se interesan por ayudarme.

Con el ejemplo hemos detectado cuáles son las dos causas que nos frenan, al tener este mal hábito, nos resta valor socialmente y en el ámbito en el que nos intentan ayudar. Esas dos causas ya las podríamos usar como soporte para el cambio.

Pero, ya que estoy voy a ir un paso más allá en este ejemplo, para que veas como encontrar la causa del mal hábito. Si profundizo un poco más en lo que siento cuando recibo una crítica, acabaré viendo que la causa de mi rechazo, es el orgullo. Ya sea por miedo a que sepan más que yo, a quedar en evidencia o cualquier otra causa que pueda haber.

En este caso vería que el orgullo me está restando valor, y el orgullo en este ejemplo no tiene sentido, porque me están dando feedback que me ayudará a avanzar, por lo tanto, esta idea también la podemos usar como soporte, y con toda probabilidad será mucho más efectiva que usar las consecuencias del mal hábito.

Evitando el hábito

Esta herramienta te va a permitir actuar correctamente cuando te hayas anticipado al mal hábito.

El objetivo de esta herramienta es, como el nombre indica, evitar realizar el mal hábito. Hay dos formas para evitarlo.

La primera se trata simplemente de evitar realizar el mal hábito, aunque parezca sencillo es difícil porque requiere de mucha fuerza de voluntad.

La otra forma de no realizar un mal hábito es buscando un buen hábito sustituto. Esta es la opción más eficaz para evitar realizar un mal hábito, porque requiere menos esfuerzo.

Además la recompensa por evitar el mal hábito es mayor, porque el hábito sustituto debe aportar más que el mal hábito. La única desventaja es que requiere más tiempo de preparación, porque hay que encontrar el buen hábito sustituto.

¿Y como encuentro ese buen hábito sustituto? Con la información que has obtenido del mal hábito, supongamos que seguimos con el ejemplo de no aceptar críticas, se trata de buscar un pensamiento o un hábito que aporte el valor que el otro quita, hablamos de un hábito que nos permita aceptar la crítica.

En el ejemplo de no aceptar críticas, un hábito sustituto sería el siguiente:

Cuando una persona que tiene una experiencia contrastada, pensar en su experiencia y en sus éxitos, ya que sabemos que muy probablemente la información que nos aporte nos ayudará a avanzar. Si no tiene experiencia contrastada escucharlo al menos, siendo consciente que más tarde puedes contrastar esa idea y usarla si la consideras útil de forma objetiva y con tiempo para estudiarla.

Lo que estoy haciendo en este ejemplo es buscar pensamientos o hábitos que me anulen el orgullo con la lógica, de forma no agresiva. Este ejercicio lo hago evitando las restricciones, y sin mentirme a mi mismo, simplemente siendo consciente de por qué es absurdo anteponer mi orgullo a un conocimiento que me pueda ser muy útil.

Anticiparse al mal hábito

Anticiparse al mal hábito es una técnica que requiere de cierta práctica, así que, ya te aviso que hay que tener paciencia y no desesperarse por si se falla. Además, es normal que al principio, para cualquier mal hábito que comiences a cambiar te resulte difícil y cometas fallos.

La estrategia que utilizo para anticiparme al mal hábito está en conocer los contextos o situaciones más comunes en los que ocurre. Siguiendo con el ejemplo de no aceptar críticas, una situación muy común en la que aparece sería después de explicarle a alguien cómo realizo una tarea más o menos diaria (de la que estoy familiarizado).

Sabiendo ese contexto, cualquier situación similar a esa me permite alertarme sobre el posible uso del mal hábito. Estar alerta sobre mi mismo significa, estar expectante y comprobar si comienzo a tener la necesidad de actuar usando el mal hábito. Ese es el momento justo de anticipación y donde vamos a actuar.

Ese momento justo de anticipación, si no lo controlamos, usaremos el mal hábito. Sin embargo, si lo controlamos, nos permite retrasar su reacción para poder actuar. Actuar evitando usar el mal hábito, usando un hábito sustituto, o simplemente ser conscientes del mal hábito sin actuar.

En cualquiera de los tres casos, cuanto más controlemos esa pausa, más fácil nos será anticiparnos al mal hábito, y actuar antes de que aparezca.

Combinando la anticipación, conocimiento y actuación

Vale, ya conocemos las tres herramientas que usaremos para forzar un cambio de hábito, ¿y ahora qué?. Ahora vamos a explicar cómo usarlas de forma conjunta para maximizar su rendimiento.

El primer paso, y quizás el más importante, es conocer bien el mal hábito, es decir, lo más importante es utilizar la primera herramienta para ser conscientes de a qué nos enfrentamos.

Esa herramienta nos ayudará a planificar una acción, y así poder actuar una vez detectemos el mal hábito, en el tiempo pausa antes de usar el mal hábito, es decir en el momento de la anticipación.

Una vez tenemos las dos primeras herramientas listas y bien pulidas se trata de usarlas, en el momento en el que nos anticipemos al mal hábito. Es muy importante tener las dos primeras fases bien hechas, y cuando digo bien hechas, es que te sientas cómodo para usarlas, porque sino podemos caer en la trampa del desánimo o la autoculpa, porque no surge efecto.

Esas dos trampas son emociones negativas que suelen aparecer cuando se tiene poca experiencia, y que dificultan futuros cambios de hábitos, suelen haber dos causas:

La primera es porque la estrategia que te has creado no surge el efecto esperado. La tendencia a desanimarse o a culparse por no ser capaz de encontrar una solución al problema.

Hay formas de evitar la autoculpa. Puedes usar un enfoque más creativo para solucionar el problema, o puedes centrarte en otros malos hábitos más fáciles de entender y solucionar, ya que con la práctica podrás solucionar casos más complejos.

La segunda causa de las trampas de desánimo y/o autoculpa son por sentirse incapaz de evitar aplicar el mal hábito, ya sea porque no se detectó a tiempo, o porque al detectarlo no se aplicó la acción. Recordamos que las acciones son evitar usar el mal hábito o usar el hábito sustituto.

La solución a esta segunda trampa se basa en no culpabilizarse, usar ese estrés que provoca fallar, para estar más atento en la próxima vez, aprender a anticiparse mejor, o a encontrar una solución más efectiva de las que has encontrado. Caer en la trampa, hace que por un lado veas cada vez más difícil esa acción, y hace que desconfíes en esta estrategia, con lo que al final costará mucho más avanzar.

Como ves este capítulo es un capítulo bastante denso, así que, mi recomendación sería que lo vuelvas a leer con detenimiento sustituyendo el hábito que te hemos puesto de ejemplo, con el hábito que te dijimos que obtuvieras al principio de este capítulo.

Y no te desanimes, que aunque sea denso, tampoco hay tanta información y no es información compleja.

Segundo paso, hábito estabilizado

En el capítulo anterior vimos todo el proceso necesario para forzar el cambio de hábito. Haciendo un repaso breve se ve claramente que no se trata de un proceso rápido, pues hay un trabajo de investigación y análisis que, aunque no sean difíciles requieren un poco de tiempo.

En este capítulo, vamos a explicar cómo usar el trabajo realizado en el capítulo anterior, para que todo ese proceso y toda esa información se vaya afianzando en nuestra forma de actuar de manera natural.

Para conseguir afianzar ese proceso es muy importante tener en cuenta dos aspectos, la estrategia de cambio de hábito y cuidar la parte psicológica para no rendirse antes de tiempo.

Aunque a primera vista el aspecto psicológico no parece tan importante, es sin lugar a dudas esencial para llevar a buen término el cambio de hábitos. Es tan importante porque, al ser un proceso lento, progresivo y a medio plazo, te puede acabar desanimando y si no conoces esos trucos psicológicos, sin duda acaba por tirar por tierra todo el trabajo de análisis e investigación realizado anteriormente, y eso no nos interesa, ¿verdad?

No te preocupes si no sabes nada de psicología, lo que se va a tratar aquí son razonamientos en base al sentido común nada complejos, así que disfruta de las dos secciones que componen este capítulo, psicología para no rendirse y estrategia para estabilizar el cambio de hábito.

Psicología para no rendirse

Ahora estamos en el punto decisivo del proceso, ya sabes forzar el cambio de hábito, ves resultados positivos, y ahora la cuestiones que te vendrán a la cabeza serán, ¿cuánto tiempo tendré que forzar el cambio?. Pues depende de la persona y del hábito. ¿Respuesta muy ambigua? sí, y la razón de la ambigüedad es que intervienen muchos factores que no se pueden controlar o se desconocen, así que es por esa razón que no se puede determinar un tiempo exacto.

Pero que no te desanime, en base a mi experiencia no suelen ser términos de tiempo muy amplios, no hablamos de años, hablo de unas semanas o pocos meses. No obstante, sí que tendrás que tener constancia y paciencia, de lo contrario sí que se podría extender mucho en el tiempo.

De todos modos, ya avanzo, si llevas tiempo intentando realizar un cambio de hábito, y no lo estás consiguiendo o no se ven resultados positivos al realizar la alternativa, deberías parar y ver cuál de estos puntos, en orden, está fallando:

- ¿Estoy siendo constante con la metodología?
- ¿Se trata de un hábito difícil de reproducir?, si es que sí, procura buscar situaciones controladas en las que puedas reproducirlo, sino deberías estar más atento de lo normal para cuando pueda ocurrir.
- ¿El conjunto de causas o consecuencias del hábito te resulta incompleta?, si es que sí plantéate de volver a analizar o incluso de probar con otro hábito más sencillo.

Después de esa aclaración, vamos a seguir tratando el aspecto psicológico. Nuestro objetivo es evitar las trampas psicológicas que nos llevarían a rendirnos en el intento. Esta fase es muy importante y decisiva, porque es el paso previo a evitar el uso del mal hábito de forma definitiva.

Debes tener muy presente que se trata de un proceso gradual, de manera que al principio, las primeras situaciones en las que fuerces el cambio de hábito te será difícil y cansino. Pero a medida que vayas forzando el cambio, y vayas evitando el uso del mal hábito se irá haciendo cada vez más fácil forzar ese cambio.

La mejor manera de no desmotivarse, es ser consciente de los progresos que vas consiguiendo, y evitar pensar en conseguir resultados finales de forma inmediato.

Esa filosofía es fundamental desde un punto de vista motivacional. Al estar pendiente del cambio total, eso provoca que tu foco esté pendiente de una meta lejana, y eso generará angustia por llegar a esa meta.

Eso pasa porque estamos hablando de un proceso lento, y al ver que no se llega al final acaba generando ansiedad y frustración. Esas dos emociones no interesan, porque es la antesala de la desmotivación y del abandono.

Sin embargo, si te focalizas en los avances, obtendrás una visión más orientada a resultados. Esa visión se centra en medir tu trabajo por los avances y resultados. Los avances son más fáciles de seguir y evitan angustias por llegar a objetivos lejanos.

¿Por qué?, pues porque mientras avances hacia un objetivo, tarde o temprano acabarás llegando, ¿cierto?. Así que se trata únicamente de avanzar. Un buen símil en este punto sería el caso de un excursionista que está realizando una ruta, quiere llegar a un lugar, pero su pensamiento se centra en el camino, no en el destino.

Vale hasta aquí toda la parte motivacional de esta fase, ¿tan importante es? Sí, es clave manejar la parte psicológica para no cesar en el intento. Una vez explicado todo esto, vamos a explicar la estrategia que utilizo para estabilizar el cambio de hábito.

Estrategia para estabilizar el cambio de hábito

La estrategia más efectiva que he encontrado ha sido la estrategia de exposición a situaciones proclives a realizar el mal hábito.

Dicho de otra manera, lo que busco es, exponerme a situaciones en los que yo sé que el mal hábito aflora. ¿Por qué?, porque al exponerme, puedo prepararme y estar más atento, y eso me facilita la tarea de anticipación.

Al facilitarme la tarea de anticipación, que es quizás la más difícil, me facilita la tarea de actuación y por tanto es más fácil evitar el uso del mal hábito.

La tarea de anticipación es la más complicada, porque no siempre se está preparado, con ganas o con motivación como para detectar el mal hábito y anticiparse a él, siendo a posteriori cuando lo detectas generando el inevitable efecto de frustración o fallo (que ya hemos explicado cómo disminuir esas emociones negativas).

Al exponerte y controlar la situación es más fácil la anticipación. Este entrenamiento va orientado a acostumbrar al cerebro a anticiparse y a evitar usar el mal hábito, pues ya tenemos al cerebro entrenado y educado a eso.

Con este entrenamiento lo que consigues es, ante situaciones inesperadas, en las que pudiese surgir el mal hábito, sin apenas hacer esfuerzo, irá surgiendo la anticipación y/o la capacidad de evitar el mal hábito. Cuando eso va ocurriendo, es que el cambio de hábito, está cada vez más estabilizado.

Un ejercicio práctico que puedes hacer, para afianzar este conocimiento, sería, para el mal hábito que empezaste a forzar el cambio en el capítulo anterior, escribir en un papel en qué situaciones surge.

Luego, intentar exponerte a esas situaciones y apuntar, por cada día, cuándo conseguiste forzar el cambio y cuando no durante una semana. Lo más probable, es que veas cómo a medida que lo pruebas, el número de veces que consigues forzar el cambio va incrementando, y como la dificultad por realizar el cambio cada vez es menor.

Último paso, el hábito pasa a ser una necesidad

Si estás en este punto, tenemos que darte una buena noticia, ¡estás muy cerca de finalizar el cambio de mal hábito de forma definitiva!

Este paso es el paso que menos esfuerzo requiere, pues al final resulta ser una consecuencia de haber estabilizado el cambio. No obstante, veía interesante ponerlo en un capítulo aparte para enfatizar la importancia y las consecuencias de este cambio.

Lo que sucede una vez se ha estabilizado el cambio, es que, para cualquier situación en la que el antiguo mal hábito aparezca, sentirás la necesidad de evitar usarlo o bien tendrás la necesidad de usar el hábito sustituto.

Esto irá sucediendo hasta el punto que, el nuevo hábito o la acción de evitar usar el mal hábito, estará tan afianzado en tu manera de actuar, que no realizar esta acción será difícil y costoso. Quizás tan difícil y costoso como quitar el mal hábito que acabas de eliminar.

Cuando sientes esa necesidad, estas viendo un claro síntoma de solidez en el cambio de hábito, y ya se puede decir abiertamente que el mal hábito ha sido eliminado. Es decir, has conseguido cambiar uno de tus hábitos.

Una buena forma de reforzar esta necesidad es, usando un truco psicológico que busca recompensarte positivamente cada vez que evites el uso del mal hábito.

El truco consiste en comparar lo que te habría aportado usar el mal hábito en contra de haber usado el nuevo hábito, eso hará que el cerebro refuerce la idea de evitar usar el mal hábito, pues estás grabando en la memoria un recuerdo positivo.

Al usar ese truco, es muy importante evitar una trampa psicológica negativa. La trampa consiste en autoculparse por haber usado el mal hábito durante tanto tiempo, arrepentirse de situaciones pasadas y infundirse el temor por si vuelve a aparecer el mal hábito.

Para evitar caer en esta trampa psicológica, es muy importante no autoculparse. No puedes culparte de haber tenido ese mal hábito durante varios años, por poner un ejemplo, pues ni antes sabías siquiera si existía, y tampoco tenías las herramientas para cambiarlo.

Además de pensar eso, debes pensar en la ventaja que tienes ahora que dispones de un mecanismo para evitar usar el mal hábito, y centrarte en las mejoras que te está aportando. Ese cambio de pensamiento te ayudará no solo a salir de esta trampa psicológica, sino que te reforzará el cambio de hábito.

¡Felicidades!, hábito nuevo, vida nueva.

Es momento de sentirse orgulloso, si has seguido los capítulos anteriores y los has podido aplicar con éxito, has aprendido una serie de estrategias que te permitirán cambiar de hábitos de forma eficiente y voluntaria.

No obstante, este capítulo no iba a ser únicamente un capítulo de felicitaciones, pues quería aprovecharlo para resaltar la importancia que tiene en nuestras vidas cambiar de hábitos. También quería aprovechar para dar alguna recomendación sobre el uso de estas técnicas.

En primer lugar, el título de este capítulo ya lo dice por sí solo, hábito nuevo, vida nueva. Al aprender a modificar tus hábitos, y en especial los malos hábitos, estás ganando control sobre tu vida, sobre tus decisiones, y por tanto estás ganando libertad. Usando un símil práctico, se trata de **pasar de estar a la deriva, a tomar el timón y controlar la navegación de tu vida**.

¿No exageras un poco? Me gustaría que te respondieses a esa pregunta tu mismo, por eso te invito a leer las siguientes líneas, en las que argumento por qué veo tan trascendente el control de los hábitos.

Como ya se explicó en capítulos anteriores, por regla general, los hábitos se adquieren sin que seamos conscientes de ello, es decir, su adquisición y evolución en la mayoría de los casos es producto del azar, el entorno y es difícil de controlar.

Por otra parte, ya comentamos que los hábitos definen gran parte de nuestra personalidad, pues son aquellas acciones y reacciones que no controlamos y que tienen una gran influencia sobre las personas con las que interactuamos, las que determinan qué tipo de relación tenemos con esas personas.

Esto, si me permiten una opinión personal, rompe con la creencia general que se tiene sobre el carácter de las personas;"las personas son como son y nunca cambian". Eso es falso, sí que cambian, pero lo normal es que no controlan el cambio.

Resulta impactante estar expuestos a tanta incertidumbre, ¿verdad? Es importante que tengas en cuenta que este libro no tiene por objetivo conseguir que controles todos los cambios de hábitos que vayas experimentando a lo largo de la vida, básicamente porque eso es una tarea casi imposible.

Además, no se trata del número de hábitos que consigas cambiar, sino de detectar y cambiar aquellos hábitos que más impacto negativo tienen en tu vida. Se trata de reducir el esfuerzo para maximizar los resultados.

Con eso lo que buscamos conseguir es pasar de vivir en un mundo en el que el azar determina tu avance y situación en la vida, a un mundo en el que la influencia negativa del azar se reduce considerablemente, y el avance depende de ti y tu criterio.

En resumen, y para finalizar este libro, la intención que tenía al escribir este libro era la creación de una herramienta que te proveyese de estrategias y métodos para tener mayor control sobre tu vida, y de esa forma tener la posibilidad de avanzar de forma más eficiente.

Espero que hayas disfrutado de la lectura, y que haya sido de gran ayuda en el presente y para el futuro.

Buenas prácticas para el cambio de hábitos

El último tema que vamos a tratar va enfocado a enseñarte un conjunto de buenas prácticas para el proceso del cambio de hábitos. Es un capítulo opcional, pero muy recomendable, pues te ayudará a aplicar de forma más eficaz y correcta las técnicas que se han comentado en este libro.

El número de buenas prácticas no es muy elevado, y tampoco son demasiado complejas. Al final son un conjunto de consejos sacados del sentido común, pero esta bien saberlos así te ahorras descubrirlos por tu cuenta que invertirás más tiempo.

Es por eso que he decidido dedicar una sección a cada buena práctica, así te podré explicar por qué es útil usar esa buena práctica y en qué ámbitos se puede utilizar.

Cambia únicamente aquellos hábitos que más te influyan

Esta buena práctica no es nueva ya que en diferentes capítulos del libro se ha ido mencionando, sin embargo voy a ampliarla un poco más en esta sección.

La idea principal de esta buena práctica es que más vale centrarse en pocos malos hábitos para cambiar.

Si te centras en demasiados hábitos, tu foco se dispersa y te hará más difícil cambiarlos todos a la vez, por eso es mejor centrarse en aquellos que más valor te restan, porque son los que más te ayudarán a avanzar.

Un buen ejercicio que te hará visualizar esto fácilmente es el siguiente:

> El ejercicio consta de tres tareas, la primera contar hasta diez, la segunda dar diez aplausos y la tercera nombras los días de la semana de Lunes a Domingo. Primero haz el ejercicio tarea a tarea. Fácil ¿verdad?

> Ahora, con la ayuda de alguien, haz el mismo ejercicio, pero que de forma aleatoria, esa persona vaya cambiando de ejercicio sin que hayas acabado el primero, ¿igual de fácil?

En el ejercicio se ve claramente lo difícil que resulta tener varias tareas a la vez, ¿cierto? Cambiar un hábito es una tarea. Al intentar cambiar varios hábitos tienes el problema que son tareas que cambian de una a otra de forma aleatoria, porque no siempre tienes el control de cuándo aparecerá un mal hábito que estás intentando cambiar y por tanto debes cambiar el foco.

De ahí la recomendación de ir hábito a hábito, o intentando cambiar pocos hábitos a la vez, para evitar ese cambio de foco aleatorio que dificulta tanto la tarea.

Por otra parte, intentar cambiar todos tus hábitos adquiridos y nuevos es una tarea imposible. El esfuerzo que supone no compensa el beneficio que obtendrás al cambiarlos, por tanto no vale la pena molestarse en cambiarlos.

Relacionado con esto, sufrir por el temor de adquirir nuevos hábitos malos sin ser consciente no tiene sentido. Si esos malos hábitos son tan negativos los acabarás descubriendo y los cambiarás. Además, podrás estar tranquilo, ya que estar controlando todos los factores que influyen en tus cambios de hábito te acabaría agotando y estresando.

De modo que, mi recomendación, es que dejes que aparezcan nuevos hábitos, ya sean aprendidos o por el entorno. Porque si son malos hábitos, puedes detectarlos y cambiarlos y si son buenos y diferentes, te estarán aportando valor desde una nueva perspectiva.

Como muchas cosas en la vida, los hábitos no son entidades independientes unas de las otras, sino que se pueden influir entre ellas.

¿Qué quieres decir?, te estarás preguntando. Hay ocasiones en los que un hábito, puede estar influenciado por otros. Cuando esto pasa, cambiar ese hábito resulta una tarea muy complicada porque apenas se consigue avanzar por mucho que lo intentes.

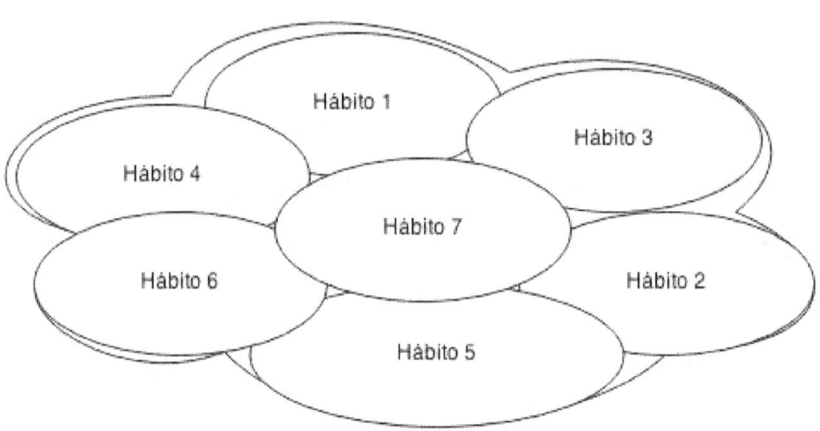

Hábito influenciado por otros hábitos

La solución a este problema, es dedicar tiempo a mejorar o a cambiar los hábitos que están influyendo al hábito que inicialmente teníamos la intención de cambiar.

Lo que conseguiremos al dedicar nuestro esfuerzo a cambiar los hábitos que influyen al primero, es facilitar el cambio de éste. Al tener menos influencias es más controlable. Además, el resolver el resto de hábitos te dará más práctica en el cambio de hábitos y obtendrás más conocimiento sobre el hábito a cambiar.

Con todo esto, la tarea de cambiar ese hábito que al principio se antojaba tan difícil y complejo pasa a ser una tarea mucho más sencilla.

No te autoengañes

Esta buena práctica es muy importante, porque suele ser un fallo que solemos cometer todas las personas sin darnos cuenta.

El autoengaño nos ciega de la realidad y no permite que avancemos de la forma más correcta que deberíamos.

Os pongo un ejemplo que seguro os resultará familiar, vamos a usar el ejemplo de otros capítulos del mal hábito de no aceptar críticas. Autoengañarse sería pensar que no te está molestando o que estás aceptando una crítica cuando en realidad estás ignorando a la otra persona o te estás sintiendo molesto.

No es fácil evitar el autoengaño, normalmente nos autoengañamos por miedo a ver o aceptar algo que a priori nos pone en evidencia, ya sea porque hemos hecho algo mal, nos sentimos culpables, etc.

Mi recomendación en este punto es, concienciarse de que decirnos la verdad a nosotros mismos es lo que más nos va a ayudar, y debemos hacer lo posible para decirnos siempre la verdad.

Y sobre todo, ser conscientes de que fallar, cuando intentas hacer las cosas bien, no es algo reprochable ya que estás haciendo un esfuerzo por avanzar. Por lo tanto, la próxima vez que tengas sentimiento de culpabilidad o frustración por fallar, recuerda que es algo normal y que te servirá para saber qué estás haciendo mal.

Esta buena práctica también se ha ido nombrando en algunos de los capítulos de este libro. Esta buena práctica va dirigida a enfatizar que más vale hacer las cosas bien, pero con sus tiempos, que no intentar obtener resultados inmediatos.

Ya comentamos que eso suele provocar que caigamos en trampas psicológicas de desmotivación, ya que nuestro foco está en el objetivo, y al tratarse de un proceso gradual y lento, vemos que apenas se avanza.

Por contra, y a modo de recordatorio, dijimos que la práctica correcta era centrarse en el avance y el progreso.

La razón es sencilla, al ver que avanzamos sube nuestra confianza y en el proceso. Además, sabemos que lo normal es que mientras avancemos, tarde o temprano llegaremos a nuestro objetivo, que es el cambio de hábito. Además, de esta forma conseguimos evitar caer en la trampa psicológica de la desmotivación.

Las comparaciones Sí son buenas

En contra de lo que se suele decir, las comparaciones sí son buenas.

Lo que pretendo decir con esta afirmación es algo muy sencillo, si quieres mejorar necesitas comprobar si estás avanzando o no. Y la mejor manera de comprobar si avanzas o no es comparar resultados.

E aquí un punto muy importante, no es únicamente comparar resultados actuales con los anteriores, sino que también puedes comparar tus resultados con el de otras personas que han estado en situación similares.

Para saber más sobre cómo compararse y sus beneficios mirar el capítulo *Aprendiendo a encontrar los malos hábitos.*

Muchos de vosotros pensaréis que no podemos comparar resultados porque en la mayoría de los casos nunca se dan dos situaciones iguales. Los que penséis así, que sepáis que estáis en lo cierto, en la mayoría de los casos casi nunca se dan dos situaciones exactamente iguales.

Sin embargo, si que existen muchas situaciones similares, y por tanto resultados similares.

Voy al grano, lo que pretendo expresar con esta buena práctica es la necesidad de comparar un conjunto de resultados y no unos pocos. Nos darán una idea de lo que se espera de mí ante esa situación.

Si yo en conjunto empiezo a mejorar esos resultados en conjunto, puedo estar tranquilo de saber que estoy mejorando. Veamos un par de ejemplos.

Supongamos dos jugadores de básquet en un concurso de tiros libres. En el primer tiro, el primer jugador canasta y el segundo no. Si solo te basas en ese tiro, el primer jugador es mejor que el segundo.

Ahora supongamos los mismos jugadores, y tras haber lanzado cien pelotas cada uno a la canasta, el primero metió cincuenta (que no está nada mal) y el segundo metió ochenta, el premio se lo lleva el segundo.

Con esta muestra ya podemos intuír que el segundo jugador parece mejor lanzando tiros libres, y podría ser una buena comparación.

¿Pero seguro el segundo es mejor que el primero? Hay muchos factores que le pudieron influenciar (nervios, cansancio, un mal día, etc). Supongamos que tras varios concursos en distintos días, el primer jugador gana ocho títulos y el segundo dos, es evidente que el segundo jugador es mejor que el primero.

¿Complicado? ¿Lioso? Puede ser. Al final, lo que estamos haciendo es compararnos de forma sana y metódica con otra persona, o incluso con nosotros mismos para saber en qué situación estamos.

El mecanismo se basan en ir eliminando dudas, factores que podrían influirnos para tener resultados mejores o peores que los actuales (un mal día, dormió mal, algún tipo de dolencia, etc).

En la vida cotidiana también se puede aplicar, mira el siguiente ejemplo.

Imagínate dos ingenieros, que después de varios meses tienen resultados distintos, uno cada vez que entrega una tarea suele producir fallos, y el otro no, ¿quién es mejor?

En definitiva y para terminar, si quieres cambiar de hábitos, o avanzar, necesitas comparar tus resultados para saber si estás evolucionando positivamente, te estás atascando, o simplemente estás empeorando resultados. Y seguir esta buena práctica es muy importante para no caer en el intento.